MUCHACHA
EN
MOTOCICLETA

AMY NOVESKY   Ilustración: JULIE MORSTAD

Traducción: Alvar Azid

PARÍS, 1973

Quiere escribir. Y viajar.
Sueña con recorrer el mundo.
Ir a otros lugares.

lugar [De. *logar*]
1. *m.* Porción de espacio.
2. *m.* Sitio o paraje.
3. *m.* Ciudad, villa o aldea.
Diccionario de la lengua española,
Real Academia Española.

Así que un día la muchacha se monta en una motocicleta y se va.

Sólo lleva lo necesario: un casco, unas gafas, una chaqueta de cuero para protegerse de la humedad y el frío. Lleva su vida en un bolso hecho a mano y dos alforjas.

QUÉ LLEVAR:

- UNA BUENA PLUMA, UN CUCHILLO AFILADO, UN CUADERNO, LÁPIZ DE LABIOS

- UN BAÑADOR

- UN HERMOSO VESTIDO BLANCO

- UN PAR DE SANDALIAS

- UN CEPILLO DE DIENTES

UN JUEGO DE HERRAMIENTAS:

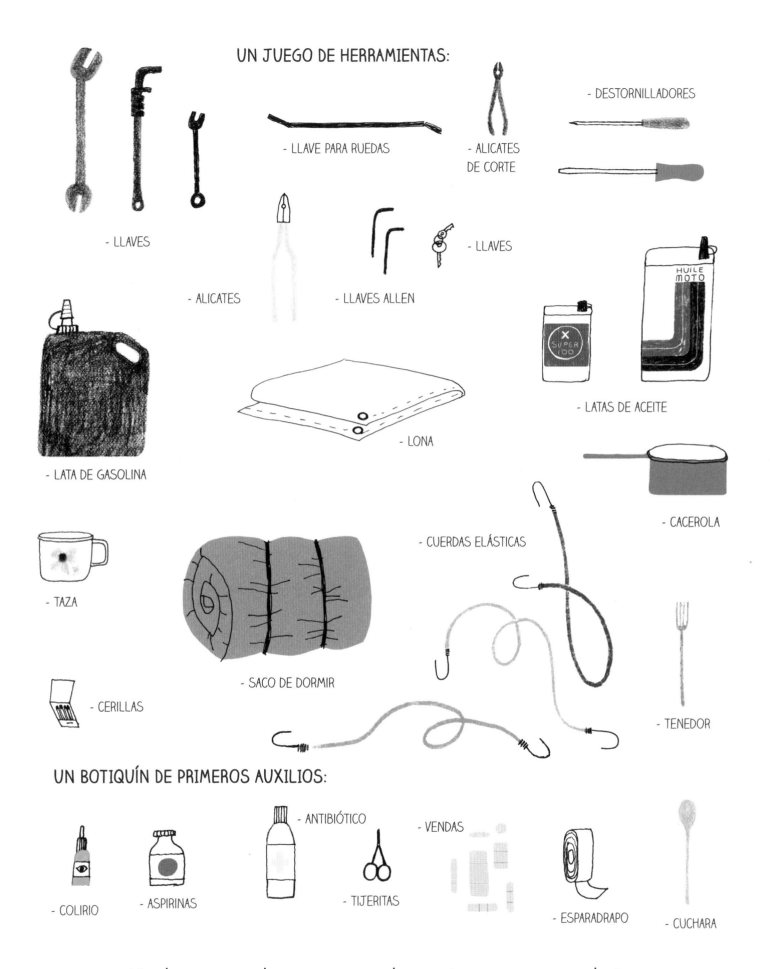

- DESTORNILLADORES

- LLAVE PARA RUEDAS

- ALICATES
  DE CORTE

- LLAVES

- ALICATES

- LLAVES ALLEN

- LLAVES

- LATAS DE ACEITE

- LATA DE GASOLINA

- LONA

- CACEROLA

- CUERDAS ELÁSTICAS

- TAZA

- SACO DE DORMIR

- TENEDOR

- CERILLAS

UN BOTIQUÍN DE PRIMEROS AUXILIOS:

- ANTIBIÓTICO

- VENDAS

- COLIRIO

- ASPIRINAS

- TIJERITAS

- ESPARADRAPO

- CUCHARA

Vendas y esparadrapo para cuando se caiga, cosa que sucederá.

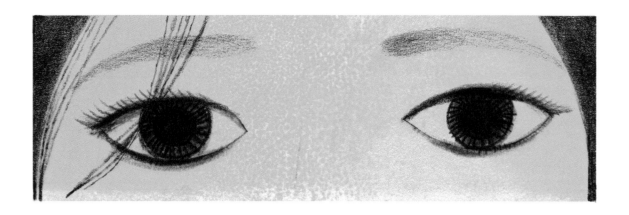

Una vocecita le dice: «Es peligroso dar la vuelta al mundo sola».
Y también: «Echarás de menos a tu gato, tu ropa, Mozart».

Otra voz le dice: «Calla. Escucha el camino».

Y así lo hace. Escucha el camino.
Y el camino dice: «Ve.»

Pasa por Etoile hasta los Campos Elíseos.
Da la vuelta al Arco del Triunfo.
Le dice *au revoir* a la Torre Eiffel.

Y luego se lanza al mundo.

CANADÁ

La muchacha y su motocicleta toman un jumbo de París a Montreal.

A veces la única manera de cruzar un océano es por el aire.

Envía un mensaje a casa: «Estoy viva».

Luego llena el depósito de gasolina y se dirige al oeste.
La carretera es amplia y brilla como el cuero.
Conduce durante muchos días, pasando por pueblos
como Maniwaki, Michipicoten, Saskatoon.

Por la noche, estaciona bajo los árboles de los campings, un buen lugar para dormir. Se asea en los lavabos de las estaciones de servicio. Hay quien le trae café.

Hay quien le sonríe.

Hay quien la mira.

Una muchacha en motocicleta es algo digno de ver.

Después de cenar, monta su tienda de campaña y hace una fogata.

CÓMO HACER UNA FOGATA:

- APILA LA MADERA COMO LOS RADIOS DE UNA RUEDA.
- ASEGÚRATE DE COLOCAR LOS TRONCOS CON SUFICIENTE ESPACIO:
  NI DEMASIADO ARRIBA NI DEMASIADO ABAJO.
- AÑADE RAMITAS..
- ENCIENDE UNA CERILLA Y PROTÉGELA CON EL HUECO DE LA MANO.
- SOPLA SUAVEMENTE HASTA QUE LA LEÑA PRENDA.

La mañana huele a tierra húmeda, hierba, flores silvestres.
El aire está lleno de misterio, musgo y fresas.

Pasa por montañas nevadas.
Todo es salvaje y hermoso.

Cuanto más lejos va la muchacha,
menos gente ve,

más árboles.

Al poco ya no hay nadie.
No hay señales, ni automóviles,
ni postes eléctricos.

La carretera
es suya.

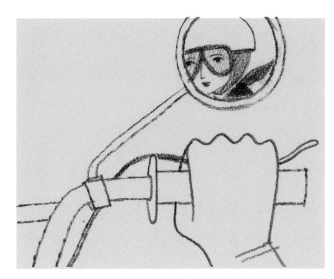

Está sola, pero no tiene miedo.
Es *libre*.

La quietud sólo se rompe con el
zumbido del motor de su motocicleta.

Al final del día,
la muchacha se detiene
en su ruta,

se viste
y come
en un restaurante de carretera.

Un plato de gruesas tortitas con jarabe y mantequilla extra por un dólar.

Algunas noches llueve. Las gotas golpean su tienda de acampada.
Juega a las cartas y escribe como pasatiempo.

Otras noches, está despejado. Y sobre ella, las estrellas brillan
y bailan, los planetas toman forma, las galaxias se arremolinan.

Una noche en el Yukón,
flota en una cálida piscina reluciente como un espejo.
Puede sentir cómo gira la tierra.

Sobre ella, la aurora boreal.
Un torbellino de luz de colores conecta a la muchacha con el cielo.
Ella cierra los ojos. Vuela.

En la frontera entre Canadá y Estados Unidos,
un gran cartel le da la bienvenida.

La muchacha y su motocicleta toman un vuelo de Anchorage a
Tokio. Y desde Tokio sobrevuelan el océano Índico hasta Bombay.

LA INDIA

Bombay es vibrante.

La carretera se llena de camiones y autobuses, *rickshaws* y coches Ambassador, vacas, festivales y...

Qu'est-ce que c'est?

¡Elefantes!

Fuera de la ciudad, la carretera se abre.
El sol calienta la piel de la muchacha.
El motor de su motocicleta ronronea.

Pasa junto a trenes de pasajeros de color rubí, saluda.
Pasa junto a casas de barro y palacios esculpidos.

Mujeres en el campo, con los saris enroscados
a sus pies como pétalos de flores.

La motocicleta se queda sin gasolina.

La motocicleta se avería, necesita una reparación.

Cuando la motocicleta se detiene, la muchacha se detiene.

Solo una muchacha muy valiente puede llevar esa vida

Encuentra un taller, saluda a los mecánicos.

Entre varios le arreglan la motocicleta gratis.

Ella les paga con corazones dibujados a mano
y apretones de manos.

Unas muchachas con bonitos vestidos le hacen
tatuajes de henna en las manos.
Ella les enseña a hacer que las manos con
henna parezcan alas.

La acribillan a preguntas:
—¿Quién eres?
—¿De dónde vienes?
—¿Adónde vas?
Protegen su motocicleta con orgullo.

De camino a Delhi,
su motocicleta se avería de nuevo.
Así que toma un tren,
bebe una taza de té
y escribe mientras el mundo pasa.

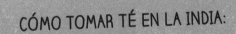

CÓMO TOMAR TÉ EN LA INDIA:

- EL TÉ SE LLAMA CHAI.

- EL CHAI ES LECHOSO Y DULCE.

- TÓMALO EN UNA TACITA DE CERÁMICA.

- GOLPEA CON LA TAZA EN EL SUELO CUANDO

  HAYAS ACABADO.

AFGANISTÁN

Esta noche, Kabul, pronto Kandahar.
Lugares lejanos
con los que una vez soñó la muchacha.
Y ahora, aquí está.

Cruza el desfiladero Khyber. Se dice que la ruta más
corta de un punto a otro es una línea recta.
Pero la muchacha y su motocicleta aman las curvas.
Cuando su motocicleta es feliz, la muchacha es feliz.

Desciende a un valle exuberante.
Un río ancho, rápido y azul como un zafiro, fluye a su lado.
Se quita las pesadas botas y mete los pies en el agua fría.

Atraviesa un desierto caliente y seco.
Cintas de polvo se despliegan tras ella.
La suciedad le pica los ojos.
El sol le quema la piel.
El aire vibra de calor.

Se cae a menudo.
A veces es divertido.
A veces no.
Pero siempre se levanta.

Llega a Kabul al atardecer, todo de color de rosa.

Se regala una bebida fría.

No hay indicaciones en la antigua carretera a Bamiyán.
Su motocicleta se avería una y otra vez al subir la última montaña.

A veces, la única manera de subir una montaña es empujando.
Lo que espera en la cima merece la pena.

Esculpidos en antiguos precipicios de color perla,
dos budas gigantes con dieciséis siglos de historia la contemplan.

En el interior hay escaleras y estancias de piedra arenisca,
aún caliente por el sol del día.
La muchacha sube desde los pies del Buda hasta lo alto de
su cabeza, desde donde puede contemplar todo el horizonte.
El guía la deja sola:
—Le deseo toda la felicidad del mundo.

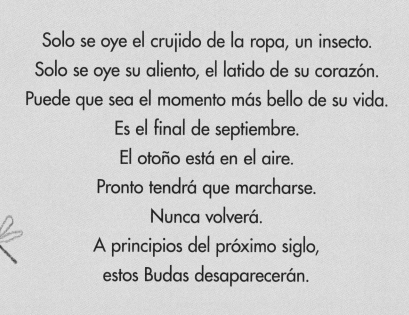

Solo se oye el crujido de la ropa, un insecto.

Solo se oye su aliento, el latido de su corazón.

Puede que sea el momento más bello de su vida.

Es el final de septiembre.

El otoño está en el aire.

Pronto tendrá que marcharse.

Nunca volverá.

A principios del próximo siglo,

estos Budas desaparecerán.

En Kandahar, las flores huelen a miel.
Un niño le da una zinnia rosa
recién cortada.

Una niña de grandes ojos grises y mejillas sonrosadas le toma la mano
y le enseña su escuela, su casa, su familia.

En el mercado, aromas de carne, cardamomo, canela, gasolina.
La muchacha regatea por joyas de plata.

En una tetería, se quita el casco y suelta su larga melena castaña.
Es la única muchacha allí.
Escribe cartas a casa. Comparte su pastelillo.

As-salamu aláikum. Wa aláikum as-salam.

Afuera, en la tierra, la muchacha dibuja la Torre Eiffel,

una nube y un pájaro.

—Soy de aquí.

Extiende un mapa sobre una mesa y se reúne una pequeña multitud.

Señala:

—Dónde estoy. Adónde quiero ir.

Al salir de la ciudad, se le revienta una rueda.

Se detiene a un lado de la carretera para repararla.

Un camión se detiene. Bajan unos hombres.

La ayudan a reparar el neumático.

Su motocicleta es resistente, como ella.

CÓMO REPARAR UN NEUMÁTICO:

- QUITAR LA RUEDA; DEJAR SALIR EL AIRE DEL NEUMÁTICO.
- CON LA BOTA, HAZ PALANCA Y APRIETA PARA SEPARAR EL NEUMÁTICO DE LA LLANTA.
- HAZ PALANCA PARA COLOCAR EL NUEVO NEUMÁTICO EN LA LLANTA
  Y EN LA FORMA CORRECTA.
- INFLA EL NEUMÁTICO.

TURQUÍA

Una puesta de sol rosa es un regalo para la solitaria
muchacha en motocicleta, de camino a Estambul.

Aquí, un puente conecta el este con el oeste.
La muchacha y su motocicleta cruzan
de un continente a otro.
El mar relumbra bajo ella.

Un día escribirá un libro. Se lo contará al mundo:
«Es duro. Hace calor. He aprendido mucho.»

Los niños corren detrás de la motocicleta, gritan: —¡Hola! ¡Hola! ¡Señor! ¡Señor!
Algunos son curiosos, otros tímidos.
—Sí, soy una muchacha.
Los niños corren detrás de la motocicleta, gritan: —¡Adiós! ¡Adiós!

BULGARIA,

YUGOSLAVIA,

HUNGRÍA,

AUSTRIA, ALEMANIA. . .

Cruza países enteros.

Kilómetros y kilómetros de carretera abierta.

El tiempo pasa. Y no.

La muchacha está hipnotizada.

J'ai envie que le monde soit beau, et il est beau.
J'ai envie que les gens son bons, et ils sont bons.

Quiero que el mundo sea bello, y es bello.
Quiero que la gente sea buena, y es buena.

EN CASA

Quemada por el sol, magullada y radiante, la muchacha regresa a casa un día frío y gris.

París es igual y diferente. Ella es la misma y diferente también.

La muchacha y su motocicleta han recorrido miles de kilómetros.

Las páginas de su pasaporte están decoradas con sellos de colores.

Lleva el mundo como un pañuelo bellamente bordado, todos los lugares en los que ha estado, las cosas que ha visto.

El mundo es bello.
El mundo es bueno.

Cuando cierra los ojos,
la muchacha aún puede oír la carretera.
Ir a otros lugares ahora queda un poco más lejos.

SOBRE ANNE-FRANCE DAUTHEVILLE

Muchacha en motocicleta es un libro que se basa e inspira en una muchacha de la vida real:
Anne-France Dautheville, que fue la primera mujer en dar la vuelta al mundo en moto en solitario.

En 1972, a la edad de veintiocho años, Anne-
France dejó su vida en París para viajar y
escribir. Quería ser libre y ver mundo. Y así
lo hizo durante los diez años siguientes. En su
primer viaje, el Orion Raid, una ruta en moto
de París (Francia) a Ispahán (Irán), fue la única
mujer entre los más de cien motociclistas.
Nadie la creía capaz de finalizarla, ni
siquiera ella misma. Pero lo hizo. Aun así,
la gente siguió dudando de ella. Y entonces
declaró: «*Je repars, toute seule!*», «¡Volveré a hacerlo sola!». Y en 1973, partió de nuevo, sola,
y se convirtió en la primera mujer en cruzar el mundo en solitario en una motocicleta. Durante
cuatro meses, desde París viajó a Canadá y lo cruzó hasta Alaska, llegó a Japón, atravesó la
India, Pakistán, Afganistán, Irán, Turquía, Bulgaria, Yugoslavia, Hungría, Austria y Alemania, hasta
llegar a casa. Lo completó con rutas a través de Australia y Sudamérica.

A lomos de una Kawasaki de 100cc y una BMW de 900cc,
atravesó países y continentes, recorrió decenas de miles de
kilómetros y sufrió múltiples peripecias: pinchazos, caídas, averías,
tormentas peligrosas. Encontró belleza y buena gente allá por
donde fue. Y viajaba vestida con una elegancia natural: botas de
motorista, mono de cuero, casco y pañuelo de seda, melena suelta
y ojos siempre maquillados.

Como viajera y escritora, Anne-France se sentía impulsada
por un profundo sentido de la curiosidad y el respeto. «¿Qué
podemos compartir?», se preguntaba. Quería dar y compartir
profundamente con los perfectos desconocidos que se encontraba

en el camino. Escribió artículos y libros sobre sus viajes, como *Une demoiselle sur une moto* o *Y me llevó el viento*. Sus aventuras causaron sensación en su país.

Actualmente, Anne-France Dautheville vive cerca de París. Ya no va en motocicleta, pues la vendió cuando tenía setenta y dos años, pero sigue escribiendo.

NOTA DE LA AUTORA

Cuando vi la fotografía rosada de una muchacha en motocicleta en la portada de *The New York Times Magazine*, pensé: «¿Quién es esta chica tan guapa y valiente?». Y cuando leí que Anne-France Dautheville fue la primera mujer en dar la vuelta al mundo en moto, a principios de los años 70, sentí una extraña sacudida: «Quiero escribir esta historia».

La idea de una muchacha en moto viajando sola alrededor del mundo despertó una variedad de sentimientos en mí: sobre el mundo, sobre ser una muchacha en el mundo, sobre ser una muchacha que envía a su hijo al mundo. En uno de los libros de Anne-France sobre sus viajes, escribe: *«J'ai envie que le monde soit beau, et il est beau. J'ai envie que les gens soient bons, et ils sont bons»*, «Quiero que el mundo sea bello, y es bello. Quiero que la gente sea buena, y es buena». Me enamoré de Anne-France en el acto. También ayudó que fuera escritora. Y de París, nada menos.

C'est tout. Me puse en contacto con Anne-France, escribí la historia y me subí a un avión con destino al Charles de Gaulle desde San Francisco, y conocí a una heroína en la vida real. A diferencia de Anne-France, yo no soy una viajera tan valiente. Me costó mucho subirme a ese avión y viajar por medio mundo, sola. Pero sabía que tenía que hacerlo, especialmente para este libro. Y porque creo que hay que subirse a esa moto o a ese avión, incluso (y especialmente) si tienes miedo, y vivir la vida.

Lo que sí compartimos Anne-France y yo es la suerte que tenemos de poder viajar por el mundo, de ir y venir a nuestro antojo, de cruzar fácilmente fronteras. Y por ello me siento profundamente honrada. El mundo era un lugar diferente cuando Anne-France lo recorrió. He intentado ser lo más fiel posible a su historia, a la gente y los lugares que visitó.

Lo que deseo para todos los jóvenes ciudadanos del mundo, para cada ser humano de este increíble planeta, es la capacidad y la libertad de viajar, explorar y desear otros lugares, de conocer gente, de experimentar a través de sus propios ojos y corazones que el mundo es bello y bueno. Porque creo, querido lector, querida lectora, que lo es.